문학과지성 시인선 53

길, 골목, 호텔 그리고 강물소리

오규원 시집

문학과지성사에서 펴낸 오규원의 시집

왕자가 아닌 한 아이에게(1978; 개정판 1995)
이 땅에 씌어지는 서정시(1981)
가끔은 주목받는 생이고 싶다(1987; 개정판 1994)
사랑의 감옥(1991)
한 잎의 여자(1998, 시선집)
토마토는 붉다 아니 달콤하다(1999)
오규원 시전집 1·2(2002)
새와 나무와 새똥 그리고 돌멩이(2005)
나무 속의 자동차(2008, 동시집)
두두(2008)
분명한 사건(2017, 시인선 R)

문학과지성 시인선 153
길, 골목, 호텔 그리고 강물소리

초판 1쇄 발행 1995년 4월 28일
초판 11쇄 발행 2023년 3월 3일

지 은 이 오규원
펴 낸 이 이광호
펴 낸 곳 ㈜문학과지성사
등록번호 제1993-000098호
주   소 04034 서울 마포구 잔다리로7길 18(서교동 377-20)
전   화 02)338-7224
팩   스 02)323-4180(편집) 02)338-7221(영업)
전자우편 moonji@moonji.com
홈페이지 www.moonji.com

ⓒ 오규원, 1995. Printed in Seoul, Korea

ISBN 89-320-0733-0 02810

이 책의 판권은 지은이와 ㈜문학과지성사에 있습니다.
양측의 서면 동의 없는 무단 전재 및 복제를 금합니다.

문학과지성 시인선 153

길, 골목, 호텔 그리고 강물소리

오규원

1995

自 序

 모든 존재는 현상으로 자신을 말한다. 참된 의미에서, 모든 '존재의 언어'는 '현상'이기 때문이다. 인간의 언어도 그 현상의 하나이다.

 존재를 말하는 현상, 인간이 정(定)한 관념으로 이미 굳어 있는 것이 아니라, 정(定)하지 않은, 살아 있는 의미인 '날[生]이미지'와 그 언어의 축을 찾아서.
 언어와 대상이, 너와 내가, 세계와 내가, 함께 숨쉴 수 있는 땅에서

 무엇보다 절실하게 살기 위하여.

일천구백구십오년 사월, 무릉에서
오 규 원

길, 골목, 호텔 그리고 강물소리

차 례

自 序

I

보리수 아래/11

길/12

저기 푸른 하늘 안쪽~/13

대방동 조흥은행과 주택은행 사이/14

안락의자와 시/16

II

입 구/21

집과 길/22

안과 밖/25

사당과 언덕/27

물과 길 1/28

물과 길 2/29

물과 길 3/30

물과 길 4/31

물과 길 5/32

비둘기의 삶/33

무 릉/36

조주의 집 1/38

조주의 집 2/39

조주의 집 3/41
뜰의 호흡/43
뜰 앞의 나무/45
1994/46
초록 스탠드와 빨간 전화기/48
마을을 향하여/49
우주 1/50
우주 2/51
우주 3/52
우주 4/54

Ⅲ
애인을 찾아서/57
지는 해/58
소년과 나무/59
제비꽃/60
들찔레와 향기/61
방/62
새/64
꽃과 그림자/65
거리의 시간/67
외 곽/68
1991. 10. 10, 10:10~10:11/70
그의 방/71
숲 속/73
잘생긴 노란 바나나/75

밥그릇과 모래/76
그림과 나/77
횔덜린의 그 집/79
민화 1/80
민화 2/82
민화 3/84
시월 속설/86
잡풀과 함께/87

IV
나와 모래/91
두 장의 사진/95
상징의 삶/98
탁탁 혹은 톡톡/99

▨ 해설 · 새는 새벽 하늘로 날아갔다 · 황현산/101

I

보리수 아래

동서베를린을 가로지르는
대로의 이름이
UNTER DEN LINDEN
우리말로 옮기자면
보리수 아래

보리수가 길을 따라가며
대로를 감싸고 있다

한 사내가 나무 밑에
팬티 바람으로 누워 있고
나는 옷은 물론
짐까지 어깨에 메고 있다

물론 그도 나도
法 속에 있다

길

누란으로 가는 길은 둘이다
陽關을 통해 가는 길과
玉門關을 통해 가는 길

모두 모래들이 모여들어 밤까지 반짝이는 길이다

저기 푸른 하늘 안쪽 어딘가 많이 곪았는지 흰 고름이 동그랗게 하늘 한구석에 몽오리가 진다 나무 위의 새 한 마리 집에 가지 못하고 밤새도록 부리로 콕 콕 쪼고 있다 밤새 쪼다가 미쳤는지 저기 푸른 하늘 많이 곪은 안쪽으로 아예 들어간다

밤새 나뭇가지 끝에 앉았던 새 한 마리
새벽 하늘로 날아갔다

대방동 조흥은행과 주택은행 사이

 대방동 조흥은행과 주택은행 사이에는 플라타너스가 쉰일곱 그루, 빌딩의 창문이 칠백열아홉, 여관이 넷, 여인숙이 둘, 햇빛에는 모두 반짝입니다.

 대방동의 조흥은행과 주택은행 사이에는 양념통닭집이 다섯, 호프집이 넷, 왕족발집이 셋, 개소주집이 둘, 레스토랑이 셋, 카페가 넷, 자동판매기가 넷, 복권 판매소가 한 군데 있습니다. 마땅히 보신탕집이 둘 있습니다. 비가 오면 모두 비에 젖습니다. 산부인과가 둘, 치과가 셋, 이발소가 넷, 미장원이 여섯, 모두 선팅을 해 비가 와도 반짝입니다.

 빨간 우체통이 둘, 학교 담장 밑에 버려진 자전거가 한 대, 동작구 소속 노란 소형 청소차가 둘, 영화 포스터가 불법으로 부착된 벽이 셋, 비디오 가게가 여섯, 골목에 숨어 잘 보이지 않는 전당포 안내 표지판과 장의사 하나, 보도 블록 위에 방치된 하수도 공사용 대형 원통 시멘트관 쉰여섯이 눈을 뜨고 있습니다. 아, 그리고 ××↓↓↓표 가변 차선 표시등 하나도!

대방동 조흥은행과 주택은행 사이에는 한 줄에 아홉 개씩 마름모꼴로 놓인 보도 블록이 구천오백네 개, 그 가운데 깨어진 것이 하나, 둘…… 여섯…… 열다섯…… 스물아홉…… 마흔둘……

안락의자와 시

 내 앞에 안락의자가 있다 나는 이 안락의자의 시를 쓰고 있다 네 개의 다리 위에 두 개의 팔걸이와 하나의 등받이 사이에 한 사람의 몸이 안락할 공간이 있다 그 공간은 작지만 아늑하다…… 아니다 나는 인간적인 편견에서 벗어나 다시 쓴다 네 개의 다리 위에 두 개의 팔걸이와 하나의 등받이 사이에 새끼 돼지 두 마리가 배를 깔고 누울 아니 까마귀 두 쌍이 울타리를 치고 능히 살림을 차릴 공간이 있다 팔걸이와 등받이는 바람을 막아주리라 아늑한 이 작은 우주에도…… 나는 아니다 아니다라며 낭만적인 관점을 버린다 안락의자 하나가 형광등 불빛에 폭 싸여 있다 시각을 바꾸자 안락의자가 형광등 불빛을 가득 안고 있다 너무 많이 안고 있어 팔걸이로 등받이로 기어오르다가 다리를 타고 내리는 놈들도 있다…… 안 되겠다 좀더 현상에 충실하자 두 개의 팔걸이와 하나의 등받이가 팽팽하게 잡아당긴 정방형의 천 밑에 숨어 있는 스프링들 어깨가 굳어 있다 얹혀야 할 무게 대신 무게가 없는 저 무량한 형광의 빛을 어깨에 얹고 균형을 바투고 있다 스프링에게는 무게가 필요하다 저 무게 없는 형광에 눌려 녹슬어가는 쇠 속의 힘줄들 팔걸이와 등받이가 긴장하고 네 개의 다리가……

오 이것은 수천 년이나 계속되는 관념적인 세계 읽기이다 관점을 다시 바꾸자 내 앞에 안락의자가 있다 형광의 빛은 하나의 등받이와 두 개의 팔걸이와 네 개의 다리를 밝히고 있다 아니다 형광의 빛이 하나의 등받이와 두 개의 팔걸이와 네 개의 다리를 가진 안락의자와 부딪치고 있다 서로 부딪친 후면에는 어두운 세계가 있다 저 어두운 세계의 경계는 침범하는 빛에 완강하다 아니다 빛과 어둠은 경계에서 비로소 단단한 세계를 이룬다 오 그러나 그래도 내가 앉으면 안락의자는 안락하리라 하나의 등받이와 두 개의 팔걸이와 네 개의 목제 다리의 나무에는 아직도 대지가 날라다준 물이 남아서 흐르고 그 속에 모래알 구르는 소리 간간이 섞여 내 혈관 속에까지…… 이건 어느새 낡은 의고주의적 편견이다 나는 결코 의고주의자는 아니다 나는 지금 안락의자의 시를 쓰고 있다 안락의자는 방의 평면이 주는 균형 위에 중심을 놓고 있다 중심은 하나의 등받이와 두 개의 팔걸이와 네 개의 다리를 이어주는 이음새에 형태를 흘려보내며 형광의 빛을 밖으로 내보낸다 빛을 내보내는 곳에서 존재는 빛나는 형태를 이루며 형광의 빛 속에 섞인 시간과 방 밑의 시멘트와 철근과 철근 밑의 다른 시멘트의 수직과 수

평의 시간 속에서…… 아니 나는 지금 시를 쓰고 있지
않다 안락의자의 시를 보고 있다

II

입 구

서나무는 뜰 밖에서 가지의 끝이
하늘로 들렸다 자두나무는
뜰 구석에서 목부용은 창 앞에서
가지의 끝이 아카시아는
길가에서 감나무는 뒤뜰에서
하늘로 들렸다 몸이
거기까지 올라가 본 잎의
무덤들이 들린
가지에 몇 개 생겨 있다

집과 길

1
높은 곳으로 올라간 길은 흔히
작은 집을 만난다 그 집은
나뭇가지 끝에서도 발견된다
그 집은 수액을 받기까지는 오랜
시간이 걸린다 그런 집에 눌려
부러지거나 꺾인 가지도 있다

2
골목은 꺾어지기를 즐긴다
꺾인 길이 탄력을 즐긴다
그곳을 지나가는 사람도 흔히
발끝이 들린다 집을
좋아하는 길은 자주 막힌다

3
창을 뚫어놓은 집은
모두 나무를 키운다 자란
나무들은 잎을 들고
집의 창 곁에 서고

하늘 앞에 선다 방에서
자주 서성거리는 사람들의
발자국 소리와 그 소리를
따라다니는 땅 밑의
뿌리를 직접 본 사람은 없다

4

골목에는 알몸의 아이들이 논다
집 안 침대에서는
어른들이 논다 알몸의 놀이터에서
그림자도 옷을 벗는다 몸이
가벼워진 알몸의 길이 함부로 집을
들었다가 놓을 때도 있다

5

층계에는 구두 한 켤레가 흔히
버려져 있다 옆으로 뻗은
층계의 길이 간혹 저지르는
납치의 흔적이다 그 길은
항상 좌우가 끊어져 있다

6

하늘에는 집이 없다
너무 멀리 간 길은
무덤 없는 하늘에 묻힌다

안과 밖

1
허공으로 함부로 솟은 산을
하늘이 뒤에서 받치고 있다
하늘이 받치고 있어도
산은 이리저리 기운다 산 밑에서
작은 몸을 바로 세우고
집들은 서 있다

2
집의 일부는 창을 통해
밖으로 나온다 그러나 집이
모두 나오는 일은
한번도 없다 산이나
하늘이 가끔 창에 붙어 집의
일부가 된다 창이 되어서도
산은 높고 하늘은 깊고
눈부시며 투명하다
안의 시계가 밖을 보는 것을
방해하지 않는다

3
벽은 방을 숨기고 길을
밖으로 가게 한다 집과
집 사이에서 길과 함께 집을
짓지 않은 나무들이 서서
몸을 부풀린다
부푼 나무의 몸들이
매일 가지와 잎들을 들고
집을 지운다

사당과 언덕

길을 벗어난 곳에 사당이 있다
동서로 기울어져 있는 지붕에서 쏟아져
내리는 햇볕에 저희들끼리 모여서
뱀딸기들이 닥치는 대로 나무와
그늘에 붉은 몸을 내려놓고 있다
그래도 잎은 붉은 몸과 함께 파랗게
물결친다 사당에서도 개미들은
자기의 그림자에 발이 젖어 있다
사당을 세운 자들은 이미 사라지고
처마 밑에 진을 친 거미는
속이 없는 진중을 오가며
아직 무겁게 몸을 다스린다 그러나
나팔꽃 줄기는 담장의
중간쯤에서 더 오르지 않고
흔히 본 그런 꽃을
서너 개 내려놓고 있다

물과 길 1

물에서 나온 사내가 강을 돌아보며
돌밭에 올라선다 강은
주저하지 않고 사내가 빠져나간
자리를 지운다 대신 땅에 박힌
돌이 사내의 벗은 몸을 세운다
얼굴을 닦으며 강 건너편을 바라보는
사내의 몸에서 몸으로 들어가지 못한 것들이
두 다리와 남근으로 각각 모여들어
몇 줄기 물을 이룬다
강 건너에서는 산으로 가던 길이
산속에 몸을 숨겨버린다 처음도 끝도
숨기고 있는 길을 보며 사내는 곁에 있는
갯버들 가지를 움켜쥐고 턱 하고
꺾는다 하늘로 가던 나무의 길이
하나 사라지고 그와 함께 지상에서
그 길이 거기 있었다는
사실도 사라졌다

물과 길 2

돌밭에서도 나무들은 구불거리며 하늘로
가는 길을 가지 위에 얹어두었다
어떤 가지도 그러나 물의 길이
끊어진 곳에서 멈춘다
나무들이 멈춘 그곳에서 집을 짓고
새들이 날아올랐다 그때마다
하늘은 새의 배경이 되었다 어떤 새는
보이지 않는 곳에까지 날아올랐지만
거기서부터는 새가 없는
하늘이 시작되었다

물과 길 3

한 사내가 윗도리를 벗어던지고
무거운 해머로 강물 속에
숨은 돌을 두들기고 있다 퍽 퍽
돌이 내는 소리인지 돌 밑에 숨은
강이 내는 소리인지 물이 흔들렸다
그러나 해는 여전히 사내의 어깨와
해머에 번갈아 옮겨다니며 올라앉았다
해머에 눌려 소리를 물 밑으로 내리면서도
강이 고기를 사내에게 건네주는 일은
드물고 사내의 허리쯤에 걸쳐져 있는
돌밭에서는 모닥불이 타고 있다
불 속에서 타는 나무 속의
물이 꺼멓게 하늘로 이어져 올라가며
들을 구불구불 자른다 들이
잘리면 하늘도 잘린다 그곳에서
자주 몸으로 강과 사내를
숨겼다 내놓았다 하는 한 여자의 목을
그 여자의 긴 머리채가 감아준다
그래도 여자의 엉덩이는 강물보다
높은 곳에 얹혀 있다

물과 길 4

강이 허리가 꺾이는 곳에서는 산이
뒤로 물러섰다 그래도 산의
머리는 하늘과 닿고 산이
물러선 자리는 텅 비고 절벽이 생겨
곳곳의 물이 거기 모여
반짝였다 산을 따라가지 못한
절벽은 그러나 자주 몸을 헐며
서서 물을 받는다 팍팍한 그 붉은 황토에
동그랗게 숨구멍을 뚫고 물총새가
절벽과 함께 몸을 두고
새끼를 기른다 그래서 절벽에 붙어
강을 굽어보는 물총새가
긴 부리로 가볍게 해를 들고
있을 때도 있다 절벽 끝에 사는
키 작은 망개나무와 싸리나무가 하늘의
별과 달을 들어올릴 때도 있다

물과 길 5

한 여자가 파라솔 그늘 밖으로 나간
자신의 다리를 따라간다 다리가
이어져 있는 발의 끝까지 따라가서
발가락 끝의 다음을 찾고 있다
물이 강으로 흐르는 한가운데로
들어간 사내가 보인다
사내의 몸은 물이 되고 머리는 사실로
둥 둥 떠 있다 너무 멀리 가서
머리가 없어지고 전신이
강이 된 여자도 있다 거기 있었다는
증거는 강이 가져갔다 물 위에 있지만
사내의 머리를 찾아가는 새는 없다
햇볕만 내려와 엉기다가 풀리고
그러나 강변의 사람들은 물이 되지 않고
물 밖에서 벗은 몸이 사실로 있다

비둘기의 삶

1

죽은 수양버들의 굵은 몸뚱이가 물 곁에 아직 박혀 있다
수초들은 함께 와와와 물 속으로 발을 내딛는다
물은 수초를 피해 길을 잡고
물에 잠긴 길은 양광으로 반짝인다

2

언덕의 잔디에 자리를 깔고 머리가 하얀 여자가 햇볕을 쬐고 있다
물론 알몸이다 처진 두 개의 유방이 반쯤 들어올린 오른쪽 다리로
각각 다른 동서 세계에 속해 있다
양광은 후방위에서 금빛이다

3

건너편 물가에서 왜가리 한 마리가 고개를 바짝 들고 있다
물의 길은 왜가리의 모가지 가운데쯤에 걸쳐 있다
물의 건너편을 보느라고 왼쪽 다리가 비스듬히 하염

없이 들려 있다

4
　언덕의 구석에서 잘 자란 수양버들 밑에서 한 사내가 물에 발을 뻗는다
　물론 알몸이다 그러나 사내의 몸은 전방위에서 어둡고 물로 기울고 남근은 보이지 않는다
　물의 길은 이쪽으로 지나가지 않는다

5
　숲이 우거진 물가의 물에는 고무 보트가 한 척 떠 있다
　보트에는 알몸의 여자가 누워서 햇볕을 쬐고 있다
　양광에도 젖꼭지와 배꼽과 음모는 시커멓다
　보트 밖으로 삐쭉 나와 있는 한쪽 발이 물빛이다

6
　털투성이 개 한 마리가 보트 위의 여자를 향해 맹렬히 뛰어온다
　물의 길이 부서진다
　지나온 개의 길이 하늘에 숨는다

7

비둘기 열두 마리가 이 언덕 저 언덕을 종종종 오가며 논다
그림자는 항상 다리에 바짝 붙어서 걷는다
……아직은 양광이다

무 릉
—— 다시, 김현에게

武陵에는 네거리에 사람이 없는 검문소가 하나 있다
안과 밖으로 검문은 스스로 행해야 한다
오른쪽은 절과 심산으로 가는 길이다
왼쪽은 강으로 이어진 길이며
앞은 논밭과 약초를 기르는 사람들의 길이다
우리가 무릉으로 들어온
뒤는 酒泉을 건너는 다리이다
오른쪽의 길에는 길 양편으로 각각 가게가 있다
목을 축이고 싶은 사람은 어느 쪽도 선택할 수 있다
오른쪽의 끝은 우체국이므로 심산에 가기 전에
할말이 있는 사람은 이곳에 들러도 된다
왼쪽은 잡풀 우거진 들판이 강으로 가는 길을 만든다
앞은 느티나무가 다섯 가구를 모으고 있는 넓은 경작
지이다
논에는 벼가 밭에는 인삼과 다른 약초가 무성하다
우리가 들어온 주천을 건너준 다리는
이 무릉의 유일한 입구이다

무릉은 사람이 지키지 않는 검문소가 있는
네거리의 전후좌우에 있다

아직은 열한 가구가 산다

나는 지금 낚시 가방을 들고 강변에 있다
비가 온 뒤라 흙탕의 강물이 많이 불었다

조주의 집 1

강원도 영월의 수주에서 넓은 길이
갑자기 턱 끊어져 없어진 武陵에
한 趙州의 집이 있다 당연히
趙州의 집이라 뜰 앞에는 잣나무가 있고
자주 아니 가끔
끊어진 길을 보고도 돌아서지 못하고
곧장 이어지는 길을 묻는 자들이
잣나무의 그늘을 찾기도 한다

오늘 이 趙州의 집 잣나무에는
가슴이 붉은 딱새 한 마리가 왔다
갔다 밑에서부터 네번째에 있는 가지
동쪽에서 서쪽으로 하늘을
파고 있는 그 가지에 앉았다가
갔다 인간의 시간으로는 약 5분쯤
두 다리로 온몸을 들고 한동안
앉았다가 앞뒤로 몸을
흔들며 동쪽을 보다가
주섬주섬 두 다리를 챙겨
서쪽으로 갔다

조주의 집 2

趙州의 집 뜰 앞에는 다른
나무들도 많다 趙州의 방 바로 앞에
오래 된 잣나무 한 그루가 있고
조금 떨어진 동쪽 담장 곁에는
벚나무가 우뚝 서서
밖에까지 넘보고 향나무와 측백
그리고 풀명자와 부용이
각각 무리가 되어
남쪽을 점령하고 있다 해가 지는
서쪽의 바깥에는 유독
아카시아 무리가 들끓는다

또 다른 나무 한 그루는
그 집에 사는 한 사내가 혼자
자주 가서 서 있는
서쪽으로 조금 치우친
이 집의 구석에 있다
태어나면서부터 잎이 붉은
이 나무는 서쪽만 제외하고
위로 뻗는 가지와

다른 쪽의 가지가 모두 잘려
있다 거칠게 잘린
그 가지 끝으로 가끔 새가 와서
하늘을 보며
오오래 앉았다가 간다
사마귀는 그러나 밑에서 기고
서쪽에서는
그곳으로 자란 가지들이 모여
모든 잎을 들고 위에 덮인 하늘의
색깔을 바꾸고 있다

조주의 집 3

뜰 앞의 잣나무는 멀리 있는 산보다
집에서는 훨씬 높다
그 높이의 층층 사이의 허공을
빈틈없이 하늘이 찾아들어 잎이며
가지의 푸른 배경이 되어 있다
가지와 가지 사이가 너무 깊고 넓어
거미가 줄을 치고 허공을
얽어맨 곳도 있다 언제부터인지
머리 가까운 높이에서 가지
두 개가 부러져 누렇게
말라가면서 눈부시다
이 집에 사는 사내는 몇 년 전에
지나다니기가 불편하다고 잣나무
밑부분의 가지를 서너 개 잘라버렸다
그 자리에는 가지 대신 투명한
공기가 가득 뻗어 있다

…………그리고
지상에 태양만 나타나면
뜰 앞의 잣나무가 열린 창문으로

들어가 책상 위의 趙州錄을
그늘로 가둔다

뜰의 호흡

오후 두 시 나비가 한 마리
저공으로 날았다 나비가 울타리를
넘기 전에 새가 한 마리
급히 솟아올랐다 하강하고 잠자리가
네 마리 동서를 천천히
가로질러 갔다 동쪽의 자작나무와 서쪽의
아카시아나무 사이의 이 칠십 평의
우주는 잠시 잔디만 부풀었다
다시 남동쪽 잔디 위로 메뚜기
한 마리가 펄쩍 뛰고
햇빛은 전방위로 쏟아졌다 그리고 적막이
찾아왔다가 토끼풀 위로 기는
개미 한 마리와 함께 사라졌다
잠자리 두 마리가 교미하며 날았다
어린 메뚜기 세 마리가
차례로 뛰었다 사마귀 한 마리가 잔디밭
구석의 돌 위로 기어올랐다
그 사이에 동쪽의 자작나무 잎들이
와르르 바람에 쏟아졌다 순간
검은 나비 한 마리 서쪽 울타리를 넘다가

되넘어 잠복하고 이 우주는
오로지 텅 빈다 와르르 쏟아지던
자작나무 잎들이 멈추고 웃자란
잔디의 끝만 몇 개 솟아오른다

뜰 앞의 나무

가지 하나, 벽을 타넘고 있다
가지 하나, 벽을 타넘고 있는
    가지를 넘고 있다
가지 하나, 지나가는 새를
    가지 위에 앉혀놓고
모가지와 몸통을 가볍게
따로 분리시키고 있다
가지 하나, 분리된 몸과 머리를
    다시 꿰매고 있다
가지 하나, 뻗는 가지와 솟구치는
    가지 사이를 가고 있다
아무도 가지 않는 길을
막고 있지 않다
가지 하나, 허공에
    중독되어 있다

1994

대문이 열려 있는 동쪽이
아니라 대문도 울타리도 길도
아무것도 없는 지붕 위의
한 귀퉁이에 걸린
하늘을 뚫고 처음으로 1994년의
잠자리 두 마리가
불쑥 뜰 안쪽에 나타났다

1994년 5월 19일
급히 시계를 보니 바늘이
오후 3시 14분을
긁고 있었다

두 마리는 서툴게 허공을
서너 번 열고 다니더니
몸을 옮겨 잔디밭 위로 와서
죽은 서나무 마른 가지를
가운데 두고

낮게

높게
천천히 그리고
빠르게

그 하늘에
몸을 가지고
머물며
내려다보며 돌아보며
어두워질 때까지
거기 있다가
갔다 그러나
다시 오지 않았다

초록 스탠드와 빨간 전화기

마을에서 외딴 강변의 그 흰 슬라브집은
떡쑥의 무리가 창궐하는 서쪽 땅에 있습니다
서쪽으로 가는 길은 어느 곳에서나
아무도 아무것도 방해하지 않습니다
여기서도 그 흰 슬라브집의 녹슨 대문까지는
직선으로 망초가 달리다 턱 멈춘 길입니다
앞뜰은 온통 서쪽 하늘이 꽉차서 작은
쇠박새나 굴뚝새 외는 들어설 곳이 없습니다
집은 그 하늘에 반쯤 잠겨 떠 있고
반투명의 한 중년 사내가 맨발로 삽니다
그가 앉은 거실의 책상 위에는 쥐라기의
공룡들이 오늘도 다른 초원으로 이동하고 있습니다
거대한 공룡도 무리 속에 있어야 자기로부터
해방됩니다 되기 위하여 모래 구름을 일으키며
하늘의 앞뜰에 파놓은 계곡 같은 발자국들
맨발로 그 발자국 속으로 달려가버린 그의
책상 한구석에는, 실종의 지문 같은, 흐린
초록 스탠드와
빨간 전화기

마을을 향하여

무릉에서는 마을로 가려면 흐르는
강을 등에 져야 합니다 함부로
길을 떠나지 않는 집들이 있는 마을은
몸이 들어가는 길이라서
몸에 붙어 있는 두 다리로
걸어서 가야 합니다 등줄기를 치는
물소리를 뒤에 두고 가다보면
담장에 자주 막혀 길이 혼자
허옇게 골목을 돌아 산으로
가기도 합니다 마을로 가려면
이 길을 둘둘 되말아 가야 합니다
경운기로는 길이 잘 찢어져서
신고 가기 힘이 듭니다
길은 그러나 때로 가벼워서 들고
가도 그다지 무겁지는 않습니다
무릉에서는 마을로 가려면
길이 하나인 산을 지나
길이 많은 들로 가야 합니다

우주 1

　필터가 노란 던힐을 물고 김병익이 머리를 하늘에 기대고 있다
　2-A 출석부를 들고 어제까지는 305였던 강의실로 최창학이 간다
　무슨 일인지 바지를 입고 두 다리로 김혜순이 걷고 있다
　정장을 하고 이창기가 윤희상과 함께 별관으로 간다
　남산 가는 길로 남진우가 출강을 하고 있다
　김현이 서 있던 자리에 이번에는 코스모스가 서 있다
　이원이 문구점 앞에 서 있더니 어느새 층계 위에 서 있다
　길에서 이광호가 새삼 다리를 내려다보고 있다
　박기동이 사람과 어울려 남산의 밑으로 가고 있다
　(강의 물이 보이는 여의도에 김옥영이 있다)
　문창과 93학번 1학년 학생을 강의실에 두고 박혜경이 간다

우주 2

 뜰 앞의 잣나무가 밝은 쪽에서 어두운 쪽으로 비에 젖는다
 서쪽 강변의 아카시아가 강에서 채전 방향으로 비에 젖는다
 아카시아 뒤의 은사시나무는 앞은 아카시아가 가져가 없어지고 옆구리로 비에 젖는다
 뜰 밖 언덕에 한 그루 남은 달맞이가 꽃에서 잎으로 비에 젖는다
 젖을 일이 없는 강의 물소리가 비의 줄기와 줄기 사이에 가득 찬다

우주 3

호르헤 루이스 보르헤스가 오늘은
방대한 양의 책을 쓴다는 것은 쓸데없이
힘만 낭비하는 정신나간 짓이다 라고
나에게 말한다 어제는 밀란 쿤데라가
자기 소설『삶은 다른 곳에』를 말했다
서술 유형을 말하자면 제일부는 연속적
이부는 몽환적 삼부는 비연속적 사부는
다성적 오부는 연속적 육부도
연속적 칠부는 다성적 서술이란다
소설을 음악에 비교해 이야기하자면
한 부는 박자며 각 장은 소절이라
길기도 하고 짧기도 하단다
그래서『삶은 다른 곳에』는 이렇다
    1부 71면 11장   모데라토
    2부 31면 14장   알레그로토
    3부 82면 28장   알레그로
    4부 30면 25장   프레스티시모
    5부 96면 11장   모데라토
    6부 26면 17장   아다지오
    7부 28면 23장   프레스토

오토가 왕이었을 때
오토가 왕이었을 때
하고 노래하는 아그네스 발차는
오늘도 카세트 테이프 안에 있다
그녀를 따라 나도 노래한다
언젠가 그게 언제인가 바르트가
이렇게 말한 것이
상처가 깊으면
주체는 더욱 주체가 된다
상처란 무시무시한 내면성이다 라고
등뒤에서 속삭이는 아그네스를 두고
창가에 서서 흐르는 강과 마주선다
강과 마주서는 내가 이상한지
지나가던 이웃집 팔순 할머니가
내 눈 안에까지 걸어 들어온다

1) 보르헤스, 『픽션들』(서문), 황병하 역, 민음사.
2) 쿤데라, 『소설과 우리들의 시대』, 권오룡 역, 책세상.
3) 바르트, 『사랑의 단상』, 김희영 역, 문학과지성사.
4) Agnes Baltsa, 그리스 여가수.

우주 4

되새의 무리가 오늘은 덩굴장미 밑으로 와서
마른 쥐똥나무 울타리 위로 날았다
붉은뺨멧새가 오늘은 뜰 밖의 덤불 속에서
자주 길을 뚫었다 아직
숲으로 돌아가지 않은 박새 한 마리가
외롭게 뜰 구석 조팝나무에서 흔들렸다
이백이 넘는 쑥새의 무리가 집 옆
빈 들깨밭에서 까맣게 바람에 날렸다

저녁에는 뜰 앞 강변에서 원산지가 칠레라는
달맞이꽃 위에 머무는
다른 별에서 온 빛을 급히 뭉개며
이름을 알 수 없는 새 한 무리가
달빛 어딘가로 몸을 숨겼다

III

애인을 찾아서

中央線을 타야 했다
여름은 계속되었다
中央線은 中央을 지나가지
않았다 걸어가야
하는 길이 대부분이었다
길은 악착같이
도깨비바늘이 달라붙었다
떼어낸 도깨비바늘을
움켜쥐고 걸었다
갈림길은 예고 없이 나타났다
中央線을 타야 했다
교회를 지나가야 했다
낡은 창고 같았다
닫힌 문과 무너진 울타리를
지나자 비행장이 있었다
활주로 곳곳에는 바랭이가
허리까지 자라고 있었다
그곳에서 길이 끊겼다
광활한 길이었다

지는 해

그때 나는 강변의 간이주점 근처에 있었다
해가 지고 있었다
주점 근처에는 사람들이 서서 각각 있었다
한 사내의 머리로 해가 지고 있었다
두 손으로 가방을 움켜쥔 여학생이 지는 해를 보고 있었다
젊은 남녀 한 쌍이 지는 해를 손을 잡고 보고 있었다
주점의 뒷문으로도 지는 해가 보였다
한 사내가 지는 해를 보다가 무엇이라고 중얼거렸다
가방을 고쳐쥐며 여학생이 몸을 한 번 비틀었다
젊은 남녀가 잠깐 서로 쳐다보며 아득하게 웃었다
나는 옷 밖으로 쑥 나와 있는 내 목덜미를 만졌다
한 사내가 좌측에서 주춤주춤 시야 밖으로 나갔다
해가 지고 있었다

소년과 나무

한 소년이 나무를 끌어안고
앞을 보고 있다 햇빛이
벽처럼 앞을 가리고 있다
앞이 파도치는지 나무가 파도치는지
두 팔로 나무를 가슴에 바짝 끌어안고
눈을 찡그리고 한 소년이 나무 뒤로
한쪽 귀를 따로 숨기고 있다
나무는 앞을 보지 않고 처음부터
위를 본다 그곳은 사람이
살지 않는 하늘이다
그림자들은 아예 하늘을 보고 눕는다
돌들은 그래도 어깨를 바람 속에 내놓고
구를 시간을 익힌다
한 소년이 그러나 나무를 끌어안고
앞을 보고 있다 앞을 바라보는
두 눈의 동자는 칠흑이다

제비꽃

두 소녀가 맨발로 대지를 딛고
서 있다 두 소녀가 손을 서로 잡고
그러나 눈은 다른 방향에서 반짝 하며
뒤로 층층을 이루고 있는
들과 산과 산의 나무에 등을
기대고 서 있다 들에서는
열매 속에 하모니카가 들어 있다는
옥수수가 자라 그들 발의 등까지
와 있다 산에는 철쭉이 한창이라
산을 기대고 있는
두 소녀의 블라우스에도
꽃물이 조금씩 묻었다 헬리콥터가
하늘에 붙은 한 소녀의
뺨을 쓸며 지나가고 다시 적막이
허공에 놓인다 그래도 두 소녀는 아직
맨발로 대지를 딛고 서서 서로 손을 잡고
있다 가끔 앞으로 얼굴이 조금씩
기울어진다 그래도

두툼한 두 소녀의 맨발 곁에서
대지에 뿌리를 둔 제비꽃이 파랗다

들찔레와 향기

사내애와 계집애가 둘이 마주보고
쪼그리고 앉아 오줌을 누고 있다
오줌 줄기가 발을 적시는 줄도 모르고
서로 오줌이 나오는 구멍을 보며
눈을 껌벅거린다 그래도 바람은 사내애와
계집애 사이 강물 소리를 내려놓고 간다
하늘 한켠에는 낮달이 버려져 있고
들찔레 덩굴이 강아지처럼
땅바닥을 헤집고 있는 강변
플라스틱 트럭으로 흙을 나르며 놀던

방

창은 지금 방에 속하지
않고 하늘에 속해 있다
창은 허공과 빛을
구분하지 않고 방으로
옮긴다 나는 온몸을 들고
한쪽으로 창을 받으며 거울 앞에
서 있다 거울 안에는
창이 들여보낸 하늘과
구름과 언덕이 밑바닥에까지
가득차 있다 나도
상체를 거울 속에 넣고
바닥으로 들여보낸다
순간 하늘과 언덕이
내 몸에 안긴다
나는 하늘과 구름과 공기와
언덕과 나무와 바람을 모두
안고 거울 밖의 나를 유심히
쳐다본다 그래도
털썩 하고 아니 우두둑 하고
내 몸이 바닥에 깔리며

뭉개지는 소리는
들리지 않는다

새

　커튼 한쪽의 쇠고리를 털털털 왼쪽으로 잡아당긴다 세계의 일부가 차단된다 그 세계의 일부가 방안의 光度를 가져가버린다 액자 속에 담아놓은 세계의 그림도 명징성을 박탈당한다 내 안이 반쯤 닫힌다 닫힌 커튼의 하복부가 불안정하게 흔들린다 다른 한쪽 커튼을 쥐고 있는 내 손이 아직 닫히지 않고 열려 있는 세계에 노출되어 있다 그 세계에 사는 맞은편의 사람들이 보이지 않는다 집의 門들이 닫혀 있다 열린 세계의 닫힌 창이 하늘을 내 앞으로 반사한다 태양이 없는 파란 공간이다 그래도 눈부시다 낯선 새 한 마리가 울지 않고 다리를 숨기고 그곳에 묻힌다 봉분 없는 하늘이 아름답다

꽃과 그림자

나는 지금 꽃밭 속에 아니 꽃 속에
있다 흰 꽃의 그림자가 검다
붉은 꽃의 그림자가 검다 그래도
나는 그림자 속에 들어가 잘 논다
꽃밭 한쪽에 나와 애인의 집이
하늘을 지고 있다 애인의 방은 비어 있다
담벽 너머 보는 산들이 검다 나무들은
불을 켜고 하늘을 보지 않는다
애인 대신 덩굴장미 사이로 난 길을
흰 나비가 날아가는 길이 있다
날아가는 길 밑은 가시가 많다
마른 시멘트가 뜰에서 부풀다가 깨어진다
여행중인 애인은 가끔
소식만 보내온다 살아 있어 어디서나
땀이 난다고 한다 지평선이
때로 해를 버린다고 한다
식탁 위의 우유와 벽이 함께 희다고 한다
침대의 시트 색깔이 거기서도
희다고 한다 나는 지금 꽃밭 속에
아니 꽃 속에 있다

흰 꽃의 그림자가 검다 그래도 잘 논다
붉은 꽃의 그림자가 검다 그래도
나는 그림자 속에 들어가 잘 논다
나는 그림자 없이 검다 잘 논다
발에 밟히는 흙은 부풀고
육체에 닿은 잎들은 감미롭다
나의 방과 비어 있는 애인의 방으로
가는 길도 풀들이 새파랗다
풀밭은 발바닥부터 간지럽다

거리의 시간

감동할 시간도 주지 않고 한 사내가
간다 감동할 시간도 주지 않고
뒷머리를 질끈 동여맨 여자의 모가지 하나가
여러 사내 어깨 사이에 끼인다
급히 여자가 자기의 모가지를 남의 몸에
붙인다 두 발짝 가더니 다시
모가지를 남의 어깨 위에 붙여놓는다 나는
사람들을 비키며 제자리에 붙인다
감동할 시간도 주지 않고 한 여자의
핸드백과 한 여자의 아랫도리 사이
하얀 성모 마리아의 가슴에
주전자가 올라붙는다 마리아의 한쪽 가슴에서
물이 줄줄 흐른다 놀란 여자 하나
그 자리에 멈춘다 아스팔트가 꿈틀한다
꾹꾹 아스팔트를 제압하며 승용차가
간다 또 한 대 두 대의 트럭이
이런 사내와 저런 여자들을 썩썩 뭉개며
간다 사내와 여자들이 뭉개지며 감동할
시간을 주지 않고
나는 시간을 따로 잘라내어 만든다

외 곽

버스가 언제 오느냐는 단지 시간의 문제이다

    버스 정거장 푯말이 하나 있다 쇠기둥과 나란히 선 한 사내의 얼굴도 팻말처럼 동그랗다 동그랗고 차다 차들이 다니는 길 안쪽 경흥공업주식회사 건물은 사철 푸른 나무 울타리가 꽉 꽉 지키고 있다 스포츠형 머리의 학생이 휘파람을 불며 사철나무 아랫도리를 구둣발로 내지르고 있다 퍽, 퍽, 퍽, 둔탁한 소리가 울타리 끝까지 가는지 길모서리의 잎들 함께 주르르 눕고 있다 순간 이쪽으로 무심하게 돌아보는 사내의 터진 양복 상의 밑자락 사이로 악어 혁대가 노출되었다 다시 감춰진다 관광용 리무진 버스 두 대가 지나간다 보도 블록이 덜덜덜 떠는 사이에 리어카를 밀고 고물장수가 온다 리어카 한 귀퉁이 매달린 냄비 하나와 여자 인형 모가지가 늘어져 간들거린다 또 한 대의 관광용 리무진이 지나간다 차창은 모두 닫혀 있다 사내 머리 위로는 베니어판 모양의 구름이 떠 있다 버스가 올 방향에서 자전거를 몰아대며

택시가 오고 있다 스포츠형 머리는 계속 줄을 서 있는 사철나무를 노려보며 나무 아랫도리를 퍽, 퍽, 발로 내지르고 있다 비틀비틀 낙하하던 상한 잎 하나 두울 세엣 그의 몸에 털썩 붙고 있다

버스가 언제 오느냐는 단지 시간의 문제이다

1991. 10. 10, 10 : 10~10 : 11

  6번 버스가 도착한다 진행 방향으로 열린 시월이 잠시 밀린다 떨어진 플라타너스 잎 두 개가 몸을 뒤집는다 한 사내 6번 버스에서 내린다 오른발이 허공의 햇볕에 구두와 함께 떠오르다가 햇볕을 두고 곧장 내려온다 상체가 보도 쪽으로 기울다가 두 발이 지상에서 나란히 평화롭자 바로 선다 사내의 코앞으로 (주)대현의 마르조를 입은 여자가 (2PS)Wine, Grey, (JK/SK) Wool 100% 가을로 또각거린다

그의 방

그의 방에는 침대가 하나 식탁이 하나
의자가 둘
그의 방에는 조리대가 하나 가스 레인지가 하나
수도꼭지가 하나
조리대가 붙은 벽면 뒤로는 보이지 않는
화장실이 하나
그의 방에는 낡은 냉장고 하나 방바닥에 놓인
전기 밥솥 하나 비닐로 만든 간이 옷장 하나
천장에는 동그란 형광등 하나

그의 방 침대에는 베개 하나와 월간
부동산정보 한 권
그의 식탁 위에는 먹다 둔 스포츠 음료 이오니카
하나와 허브-큐 한 통 종합 비타민
센트륨 한 통 버려진 메모지 두 장
조리대 위에는 플라스틱 도마 하나 정방형
알미늄 쟁반 하나 수저통 하나 트리오 하나
젖은 행주 하나 못에 걸린 국자 하나
그의 가스 레인지 위에는 국냄비 하나
물주전자 하나 그리고 가스 안전 밸브 위에 붙은

가스 사용 안전 수칙 한 장
냉장고(안은 문이 잠겨) 위에는 라면 박스 하나
옥수수차 한 통 검고 흰 빈 비닐 봉투 둘

·········나머지
그의 방에는 켜놓은 채 그냥 둔
천장 형광의 흘러내리는 불빛

숲 속

 레스토랑 숲속. 오후가 세계를 텅 비워놓았다. 텅 빈 세계의 의자가 바위보다 깊다. 이 숲속은 남산으로 가려는 사람에게는 오른쪽, 명동으로 가려는 사람에게는 해지는 쪽에 있다. 명동으로 가는 사람은 이곳으로 오지 않는다. 오지 않는 사람을 밀고 한 여자가 세계의 한 오후를 감당하고 있다. 세계 속의 단 한 줄기의 바람이다. 오후가 출렁할 때마다 나는 남산을 껴안는다. 남산보다 먼저 그녀가 나의 오관을 비집고 심장 한구석에 자리잡고 있다. 내 심장 한구석에 그녀가 의자를 놓고 있은 지가 퍽 오래 되었다는 사실을 깨닫는다. 내 심장의 한쪽 무게로 의자 한쪽이 푹 꺼져 있다. 한 여자가 이 숲속의 유일한 숲이다. 어디선가 새 지저귀는 소리가 들린다. 그 소리의 바람 끝에 한 여자의 덩굴숲이 보인다. 명동을 가리며 빨간 열매가 익고 있다. 익은 열매가 육체를 주체 못 해 덩굴 한쪽을 부수고 있다. 나는 그 사이를 통해 한 세계를 훔친다. 나와 함께 무너진 덩굴 사이로 태양이 들어온다. 나는 다시 그 덩굴을 조심스럽게 심장의 한구석에 놓는다. 태양까지 함께 들어와서 내가 뜨겁다. 내 상처 어딘가가 소각되는지 타는 냄새가 난다. 다시 쳐다봐도 세계의 오후는 텅 비어 있다. 한 여자만 물과 불로 탄다. 바람이 인다. 한 여자가 바람으로 부는 숲이 없는 레스토랑 숲속은 명동 입구에 있다.

잘생긴 노란 바나나

레스토랑 숲길 앞에 리어카 한 대
놓여 있다 숲길로 가는 사람은 그래도
방해받지 않는다 열린 길이 몇 개나
있다 나는 구태여 길 하나를 막지 않는다
내 몸의 바퀴가 먼저 비킨다
주인은 어디 숨고 쌓인 바나나들이 리어카
바퀴를 유혹한다 바퀴살보다 내가
더 긴장한다 바람이 조금만 불어도
뒤꽁무니에 매달린 비닐 봉투들이
성급하게 일어섰다 주저앉는다 쉽게 공복의
배가 흥분했다 접힌다 씩씩한 自國軍人들이
총을 들고 아침처럼 지나간다 나는
길 밖으로 밀린다 리어카는 밀리지 않는다
나는 리어카를 앞세워 멈추어 서고 쥐 몇 마리
숲길 안에서 자기의 몸을 지운다 잘생긴
노란 바나나가 너무 눈부신지 눈부신지
아무도 가까이 오지 않는다 나는
숨은 주인의 의자를 내 앞으로 끌어당긴다

밥그릇과 모래

 그 방에 들어가려면 벽에 걸려 있는 밥그릇부터 보아야 한다 無用이 그린 그 밥그릇 하나는 전지 반장의 아래쪽 한구석에서 오른쪽으로 기울어 있다 그래도 담긴 밥이 쏟아지지 않는다 안심하고 오른쪽으로 기운 방향의 앞에 CATHAY PACIFIC이 이곳까지 보낸 달력이 있다 오늘을 중심으로 하고 과거의 오늘과 미래의 오늘이 꽉 차 있다 그 오늘이 CATHAY PACIFIC의 말투를 빌어 Arrive in better sharp 하고 도착 시간을 정확히 요청한다 '베터 샵'하게 둥그런 추가 왔다갔다하는 낡은 벽시계가 건너편 벽을 밝힌다 고개를 숙일 필요는 없다 천장은 자존심을 건드리지는 않는다 그러나 사방의 벽은 회색의 바탕 위에 갈대들이 우우우우우우—— 가득차고 새 한 마리 날지 않는다 이 위험한 갈대숲에 들어가는 사람은 아무도 없다 오른쪽으로 길을 꺾으면 문이 하나 있다 방이다 그곳에서도 갈대는 끝이 없다 입구에 뻥 하고 그림이 하나 달려 있다 벌거벗은 어머니가 젖통과 아랫도리를 다 내놓고 누워서 하늘을 보고 있는 알몸의 아들을 껴안고 있다 최영림 화백이 이 모자의 몸이며 얼굴에다 모래를 덕지덕지 발라놓았다 모래가 우수수수—— 떨어진다 방에 들어가려면 이 모래 속으로 모래 속으로 들어가야 한다 아 모래의 속도 차고 따뜻하다

그림과 나

도둑이 칼을 들고 장사치들을
협박하고 있다 산속에서 도둑은
즐겁다 숲이 말을 삼가고
있다 장사치 여섯 아니 일곱이
더러는 두 손으로 빌고
더러는 두 손을 들고 도둑 쪽으로
발로 봇짐을 밀어놓고 멀찍하게 서서
빌고 있다 목숨을 구걸하고 있다
길이 언덕 너머로 가다가 잠깐
걸음을 중단하고 있다 삼국 시대부터
지금까지 길의 중단이 이곳의
그림 속에 계속되고 있다 도둑도
더 이상 접근하지 않는다 모두
나의 관여를 기다린다 다른 세계와
마찬가지이다 땅에 내려진 지게도
긴장하고 있다 내가 관여하는 동안
아니 숲이 침묵하는 동안 도둑도
장사치들도 말을 삼간다 밖에서
나귀가 방울을 딸랑거리며 도둑을
부르는지 도둑의 칼이 한 순간

더 빛난다 나무 뒤에 숨어 모습을
볼 수 없는 사슴 몇몇이 나에게
밖으로 나가자고 한다 나는 이곳
이 순간의 모든 동작을 동결해놓고
견딘다 전화의 벨이 급히 운다
저 밖에서 누군가 내가 있는 곳을
안다 알고 있어야 하리라

횔덜린의 그 집
―― 튀빙겐에서

그 집은 네카강변에 있다
그 집은 지상의 삼층이다
일층은 땅에
삼층은 뾰족하게 하늘에
속해 있다 그 사이에
사각의 창이 많은
이층이 있다
방안의 어둠은 창을 피해
서 있다
회랑의 창은 모두
햇빛에 닿아 있다
그 집은 지상의 삼층이다
일층은 흙 속에
삼층은 둥글게 공기 속에 있다
이층에는 인간의 집답게
창이 많다
네카강변의 담쟁이덩굴 가운데
몇몇은
그 집 삼층까지 간다

民畵 1

고층 아파트 단지의 화단에서
牧丹꽃 다섯 송이
제멋대로 하늘을
들고 있다 두 놈은 왼쪽에서
오른쪽으로 세 놈은 오른쪽에서
왼쪽으로 뻗다가 어깨를
바로 세우고 그래도
장엄하다―고 웃고 있다
노랑나비건 호랑나비건 배추
흰나비건 오면 모두
환영한다 나비가 오고 가는
길이 하늘이다 어깨를
바로잡는 순간이 하늘에
닿는 시간이다 牧丹꽃
다섯 송이 앞에 보지
두덩이 도톰하게 드러나도록
쪼그리고 앉은
젊은 아낙이 장바구니를
내려놓고 나비가 가는
길을 따라가다가 멈추고

따라가다가 멈춘다
목단꽃은 서 있다 그렇다
그대로 장엄하다

民畵 2

핫팬츠를 입은 젊은
아낙 둘이 함께
슈퍼마켓을 나와 아파트
한켠 화단의 牧丹꽃 앞에서
목젖을 내놓고 웃고 있다
구멍이 있는 입 안도
유구한 자연이다
사타구니 사이에는 하늘도
가득하다 장바구니에 담긴
애기호박 하나
풋고추와 부추 한 주먹
생리대 한 통
한 아낙의 팔뚝에 매달려
바람을 저울질한다
다른 아낙 등에는
머리를 뒤로 벌렁 잦히고
코를 하늘에 처박고
눈을 감고
젖먹이가 코를 흘린다
하늘을 베고 눕기는 그러나

누구나 불편하다
하늘을 베고 누워서
아이도 땀을 흘린다

民畵 3

아파트 단지의 작은 연못에
비단잉어가 꼬리를 흔들며
졸고 있다 더럽지만 그러나
하늘과 한몸이 된 물은 잔잔하고
하늘과 한몸인 물을 몸에 넣고
비단잉어의 몸이 둥글둥글
부풀어 있다 물가의 바랭이와
개쑥갓에 몸을 두고
나비 두 마리 더듬이를
펴고 물을 말아올린다
길 어디선가 돌 돌 돌
돌 부딪치는 소리가 난다
더듬이가 하늘에서 물까지
걸쳐진다 그러나 나비의
더듬이는 하늘만 말아올린다
얼마나 말아올렸는지
아파트 건물이 나비 쪽으로
기우뚱하다 바지를 내리고
오줌을 갈기던 아이 하나
놀라 줄기를 뻗고 있는

고추를 잡은 채 길고 긴
나비의 더듬이를 보고 있다

시월 俗說

강아지 세 마리가 네 다리로 땅을 딛고 서 있습니다

쭉 쭉 뻗고 있는 길 한가운데 네 다리로 서서 딛고 있습니다

그 길은 집과 담을 지나 산을 넘고 있습니다

강아지는 그러나 네 다리로 땅을 딛고 아직은 꼬리만 산에 걸려 있습니다

작은 발등에 일광이 가득합니다

한 마리가 지금 막 일광을 탁탁 떨며 길을 막고 있는 돌무더기를 기어 넘고 있습니다

그 강아지 한쪽 눈에 코스모스가 들어가 꽃을 매답니다

잡풀과 함께
—— 황동규에게

시간과 시간 사이를
    쇠비름이 파고든다
    시간과 시간에 밀려
    잎과 잎의 얼굴이
    달라진다
시간과 시간 사이의
    쇠뜨기가
    살갈퀴가
    엉겅퀴가
    지상에 몸을 둔다
    먼저 몸을 둔 것들은
    이미 자기를 닮는다
시간과 시간 사이의
    씀바귀가
    뽀리냉이가
    떡쑥이
    엉뚱한 곳에서
    인간의
    길을 좁힌다
    바람은 땅이 아닌

하늘에서
구름을 본다
시간과 시간 사이를
한 시인이 지나간다
시간의 아니 장소의
흙냄새가
신발 밑에 붙는다

IV

나와 모래

나는 해변의 모래밭에 지금 있다
바다는 하나이고 모래는 헤아릴 길 없다
모래가 사랑이라면 아니 절망이라면 꿈이라면
모래는 또한 죽음, 공포, 허위, 모순, 자유이고
모래는 또한 반동, 혁명, 폭력, 사기, 공갈이다

    수사적으로, 비유적으로, 존재적으로,
    모래(사물)와 사랑, 절망(관념)……은
    동격이다 우리는 이를
    원관념=보조관념의 등식으로 표시한다
    그래서 모래는 끝없이 다른 그 무엇이다
    오, 그래서 모래는 끝없이, 빌어먹을

  나는 사랑을 발로 밟는다 밟아도 사랑은 발가락 사이를 파고든다 그래 사랑은 간지럽다
  나는 절망을 짓뭉갠다 짓뭉개지는 절망이 발의 뒤꿈치에서 간지럽다
  나는 꿈을 파헤친다 아니다 꿈의 속을 더듬는다 마른 꿈 밑의 젖은 꿈에 내 손이 젖는다
  나는 죽음을 깔고 앉는다 엉덩이만큼 푹 죽음이 들어

간다 앉은 사타구니 사이에는 그러나 죽음이 그대로 고개를 내밀고 있다

  나는 모순을
  나는 허위를
  나는 공포를 움켜쥔다 손가락 사이로 빠져나간다
  나는 자유를 다시 움켜쥔다 손가락 사이로 역시 빠져나간다 손바닥을 탁탁 터니 붙어 있던 자유가 날려 떨어진다 자유는 정말 가볍다
  나는 반동을 쓰다듬는다 손이 지나간 자리에 반동의 매끈한 길이 생긴다
  나는 혁명을 밟고 나아간다 혁명은 뒤에 발자국을 꽉꽉 파놓는다
  나는 앉아서 두 손으로 사기를 친다 튕겨나가는 사기와 밀려 쌓이는 사기에 내 손이 아프다
  나는 폭력을 뿌린다
  나는 공갈을 친다 폭력과 공갈이 나를 휩싸며 뿌옇게 나의 눈과 귀와 코와 입을 사정없이 덮친다
  나는 반동을
  나는 혁명을
  나는 사기를

나는 폭력을
나는 공갈을 움켜쥔다 움켜쥐는 순간은 감미롭다
하나의 공갈은
하나의 폭력은
하나의 사기는
하나의 혁명은
하나의 반동은 너무 작아 움켜쥐어지지 않는다
    너무 작아 간지럽다

나는 해변의 모래밭에 지금 있다
모래는 하나이고 관념은 너무 많다
모래는 너무 작고
모래는 너무 많다 아니다
관념은 너무 작고
모래는 너무 크다

  역사적으로, 문화적으로, 존재적으로,
  모래(사물)는 사랑, 절망……에
  복무한다 우리는 이것을 인본주의라는
  말로 표현한다 오, 빌어먹을 시인들이여

그래서 모래는 대체 관념이다 끝없이
모래가 아닌 다른 그 무엇을 반짝이고

모래가 사랑이라면 아니 절망이라면 꿈이라면
  모래는 또한 가가호호, 가당, 가혹, 간혹, 갈망, 걸귀, 경멸, 고의, 과실, 기서, 내연, 노스탤지어, 노카운트, 다다, 다신교, 독선, 마마, 망극, 모의, 모정, 무명, 무모, 무상, 백수, 불화, 빈궁, 빈약, 사디즘, 사탄, 선교, 섭리, 속죄, 순례, 숭고, 숭고미, 숭고추, 시, 그리고 또 시, 신성, 안티, 앙가주망, 애홀, 양가, 양태, 언감생심, 여념, 우울, 유예, 융합, 인종, 입신, 자생, 자멸, 적, 전락, 전생, 정실, 정조, 주종, 주화론, 천상, 천하, 추잡, 추태, 커닝, 컨디션, 코뮈니케, 쾌락, 통한, 퇴락, 파멸, 평화, 풍요, 프로그램, 프로세스, 하세, 할거, 해방, 호모, 혼돈, 환멸, 훙청, 훙청망청············

  모래야 너는
  모래야 너는
  모래야 너는 어디에

두 장의 사진

당신이 앉았던 의자와
당신이 턱을 고였던 창틀과
당신이 마셨던 찻잔과
당신이 사용했던 스탠드와
벽시계와 꽃병과 슬리퍼를 모아
기념 사진을 찍었습니다

사진 속의 의자는 당신이 턱을 고였던
창틀 밑에 있습니다 사진 속의
찻잔은 책상 위에 스탠드와 나란히
벽시계와 꽃병은 창틀 좌우에
슬리퍼는 의자 밑에 있습니다

사진 속의 의자는 당신의 엉덩이와
허리를 창틀은 가슴을 받치고
찻잔은 김이 오르고 스탠드와 벽시계는
당신의 시간을 밝히고 꽃병은
숨을 쉬고 혹은 멈추고
슬리퍼는 당신의 발가락을 나란히 하고

당신이 앉았던 그 의자와
당신이 턱을 고였던 그 창틀과
당신이 마셨던 찻잔과
스탠드와 벽시계와 꽃병과
슬리퍼를 지금은 내가 사용합니다
그 모든 나를 한자리에 모아
기념 사진을 찍었습니다

사진 속의 의자는 내가 턱을 고였던
창틀 밑에 있습니다 사진 속의
찻잔은 책상 위에 스탠드와 나란히
벽시계와 꽃병은 창틀 좌우에
슬리퍼는 의자 밑에 있습니다

사진 속의 의자는 나의 엉덩이와
허리를 창틀은 가슴을 받치고
찻잔은 김이 오르고 스탠드와 벽시계는
나의 시간을 밝히고 꽃병은
숨을 쉬고 혹은 멈추고
슬리퍼는 나의 발가락을 나란히 하고

두 장의 사진이 있습니다
두 장의 사진은 꼭같습니다 꼭같은
의자와 창틀과 찻잔과 스탠드와
벽시계와 꽃병과
슬리퍼가 있습니다
당신의
나의

아닙니다 의자의
아닙니다 창틀의
아닙니다 찻잔의
스탠드의
벽시계의
꽃병의
슬리퍼의 기념 사진입니다
아닙니다 당신과 나의……

상징의 삶

 댓돌 옆 그녀의 한 짝 신발을 덩치 큰 달이 깔고 앉아 있었다
 큰 달이 벗어놓은 하얀 바지가 봉창 밑에서 방으로 서걱거렸다
 방안에 누워 있는 그녀의 가랑이 사이에도 덩치 큰 달이 하나 스멀스멀 기고 있었다

 우와와와——뜰에서 고개를 하얗게 쳐들며 팔뚝만한 옥수수들이 울부짖는 광경을 처용은 보았다

 옥수수밭으로 무심코 들어선 그의 발에
 하얀 꽃반지표 콘돔 상자가 버썩 밟혔다

탁탁 혹은 톡톡

―― 물론 그도 나도
法 속에 있다

내가 무심코 아니 유심코 손가락으로
책상을 탁탁 혹은 톡톡 두들긴 그 소리는
봄에 닿거나 여름에 닿거나 가을
겨울에 닿는다 순간 이 지구에서
수백 년 동안 일어난 일이 없는
진동의 봄이 오고 여름이 오고
나비가 난다 아니 비가 오고
자작나무와 느티나무 잎이 썩는다

내가 무심코 아니 유심코 손가락으로
책상을 탁탁 혹은 톡톡 두들긴 그 소리는
순간 탁탁 혹은 톡톡의 우주가 된다
그 우주는 창 안에 그리고 창 밖에 있다
그 우주가 수성인지 금성인지
또는 목성인지 천왕성인지 이 지구 위에
어쩌다 떨어지는 탁탁 혹은 톡톡의
운석을 받아보아야 안다

내가 무심코 아니 유심코 손가락으로
책상을 탁탁 혹은 톡톡 두들긴 그 소리는

중국의 서안이나 미국의 텍사스나
인도의 갠지스강에서도 순간
탁탁 혹은 톡톡 울린다 그래서
서안에서는 궁궐의 한쪽 문이 열리고
텍사스에서는 주유소가 새로 생기고
갠지스강에서는 시체 하나가 떠내려간다

〈해 설〉

새는 새벽 하늘로 날아갔다

황 현 산

  시집을 '해설'하기 전에, 미셸 푸코가 미샬의 사진집에 붙였던 말을 미리 되풀이해두는 것이 좋을 듯하다: "사진에 관해 이야기하는 것이 옳은 일이 아니란 것을 나는 알고 있다. 따질 나위도 없이, 이 말은 사진을 거론할 재주가 없다는 뜻이다. 왜냐하면, 사진은 아무 말도 하지 않는데 이야기가 그것을 변질시키거나, 사진이 말을 하고 있다면 우리는 별 필요가 없는 존재이거나, 이 둘 중의 하나일 것이기 때문이다." 사실 오규원의 시에 대해 한 비평가가 감당해야 할 몫은 그렇게 많지 않다. 거의 결정되다시피 한 일, 이를테면 은유와 환유의 두 언어축을 거기서 분석해내는 일 같은 것도 벌써 비평가의 몫이 아니다. 시인 자신이 먼저 그 이야기를 하고 있기 때문이 아니라, 어쩌면 그런 환원론적 분석이야말로 이 시인이 자신의 시를 통해 도달하려 했던 희망을

억압하고 부인하는 일과 다르지 않을 수도 있기 때문이다. 오규원이 관념에 의한 사물의 은폐 현상과 '신본주의적(神本主義的)'이거나 '인본주의적(人本主義的)'인 또는 '물본주의적(物本主義的)'인 시상(示像)에 의한 존재의 파편화에 대응하여 작품 속에 '환유적 공간'을 열려고 오랫동안 노력해온 것도, 그에 대한 자신의 입지를 고백해온 것도 모두 사실이지만, 한 시인이 자신의 방법에 명철하다는 것은 자신의 시를 그 방법의 예시로 삼거나 그 속에 가두려 했다는 뜻은 아니다. 보들레르는 "자기가 만들려고 계획했던 바를 '정확하게' 성취하는 것을 시인의 가장 큰 영광"으로 여긴다고 했는데, 이는 계산된 작업이 얻게 될 부가가치를 부인하고, 시적 효과가 그 최초의 계획으로 환원되기를 바라는 것이 아니라, 철저하게 드러나거나 온건하게 보존되어야 할 가치들이 섣부르고 우연하게 누설될 것을 염려하는 말일 뿐이다. 오규원은 여러 이론적인 글에서뿐만 아니라 시에서까지, 자신의 시적 방법을 명확하게 설명하지만, 그것이 얻어낼 '진리'를 장담하지는 않는다. 그는 자신의 방법이 철저히 이해되기를 바라지만, 그것으로 자신의 '시'에 대한 이해가 끝나기를 바라는 것이 아니다. 언어에 의해 분화된 실재 세계와 인간적 세계의 간극을 또 하나의 언어인 방법적 시를 통해 뛰어넘는 것이 시인의 직분이라는 규정을 소박하나마 받아들인다면, 이때 그의 방법은 주어진 세계의 권력에 대한 예절 바른, 다시 말해서 전략적인 복종에 불과하다. 시인이 방법에 철저하면 철저할수록 그는 자신의 시를 그만큼 더 많이 믿는다.

더 많이 복종할수록 더 많이 부정한다. 이 세상의 독자는 시인이 이 세상에 복종하는 길을 따라 시인과 동행한다. 그렇다고 복종의 길 끝에 부정의 길이 따로 시작하는 것은 아닐 터이다. 시인과 독자의 동행은 그 자체가 복종의 길과 부정의 길의 동행이다. 하나의 길을 철저하게 반성하며 간다는 것은 가지 않는 모든 길을 그 길로써 드러내는 것이며, 그 길이 어쩔 수 없이 가는 길임을 말하는 것이기 때문이다. 비평가는 그 길보다는 시인이 믿는 '시'에, 가장 불확실한 길에, 내기를 걸 수밖에 없다.

> 누란으로 가는 길은 둘이다
> 陽關을 통해 가는 길과
> 玉門關을 통해 가는 길
>
> 모두 모래들이 모여들어 밤까지 반짝이는 길이다
> ——「길」 전문

'양관(陽關)'과 '옥문관(玉門關)'을 통해 가야 하는 두 길은, 그 이름에 의해서, 한편이 투사성·자기 확장성·논리성의 길이라면, 다른 한편은 수용성·보수성·내재성의 길이 된다. 최초의 사람들은 인간적 욕구와 지형적 곡절에 따라 이 두 길을 만들었을 터인데, 따지고 보면, 이 두 길은 간신히 허락된 길일 뿐, 백 개의 길이 합해진 사통팔달의 길도 아니며 유일하고 절대적인 길도 아니다. 그것은 불안한 길이다. 그러나 사람들은 음

양의 이름으로 그 길들을 상대화함과 동시에 그것들이 자리매김된 상징 체계를 통해 그것들을 절대화할 수 있었다. 더구나 변화와 생성을 강하게 암시하는 이 뛰어난 상징은 그 두 길이 그 체계 속에 안주하면서 동시에 거기서 벗어날 수 있는 여지를 그것들에게 남겨둔다. 그 두 길에 모두 모여 "밤까지 반짝이는" 모래들은 아마 이 여지와 관계가 있을 것이다. 모래들은 그 두 길에 구분 없이 모여들어 빛을 줌으로써 그 상징의 영광을 긍정함과 동시에 길 위에 여전히 모래로 남음으로써 그것을 부정한다. 길보다, 그 길의 상징 체계보다, 먼저 있었고 또 나중까지 있을 것들이다. 아니 체계가 벌써 그 이야기까지를 했다고 말함이 옳지 않을까. 최초의 혼돈에서 또 다른 혼돈에 이르기까지 변화와 생성이라는 말로 덮지 못할 것은 없기 때문이다. 이때 모래의 반짝임은 그 상징 체계의 진정한 실현에까지는 이르지 못한다 할지라도, 적어도 그 체계가 성립될 최초의 불안한 순간으로 그 길을 되돌려, 그 상징이 헛된 말이 아닐 것을 한 순간 증명해줄 수는 있다. 이 승리는 상징 체계의 그것이 아니라 모래의 그것이다.

물론 그 '양관'과 '옥문관'의 이름을 감탄하며 음미하는 시인도 저 불안의 순간에 모래와 같이 서 있다. 그는 저 '최초의 인간들'의 편이며 모래의 편인데, 이 편들기를 위해 그는 말을 줄여야 한다. 모래가 있다고 말하는 것밖에 다른 말은 저 체계의 끈질긴 힘, 한 실존주의자의 말을 빌리자면 그 실천적 관행태(實踐的慣行態)에 빌미를 줄 뿐이다. 모래가 거기 있다. 그런데 사물이 거기 있다고 말한다는 것은 반드시 사물에 즉물적인 태도를 취한다는 것을 의미할까. 그렇지 않다는 것, 그와는 반대로 어떤 내성의 긴 과정 끝에 그 말이 이루어진다는 것을 "저기 푸른 하늘 안쪽……"으로 시작하는 긴 제목을 가진 시가 말해준다. 제목은 이렇다.

저기 푸른 하늘 안쪽 어딘가 많이 곪았는지 흰 고름이 동그랗게 하늘 한구석에 몽오리가 진다 나무 위의 새 한 마리 집에 가지 못하고 밤새도록 부리로 콕 콕 쪼고 있다 밤새 쪼다가 미쳤는지 저기 푸른 하늘 많이 곪은 안쪽으로 아예 들어간다

이 긴 제목을 우리가 보통 쓰는 말로는 아마 이렇게 옮길 수 있을 것이다: "푸른 하늘 한쪽에서 해가 구름에 덮여 노란빛으로 떠오른다; 무슨 일인지 밤새 나뭇가지를 쪼고 앉아 있던 새가 더욱 또렷하게 해가 떠오르는 하늘을 향해서 날아간다." 이 보통말은 이치에 맞다. 과학적이라고까지는 할 것 없지만, 적어도 일출이 무엇인지를 알고 있는 사람의 말이다. 반면에 제목의 말들은 ──이미지스트들의 시도와 이 언어의 관계 같은 것이야 접어두는 것이 마땅하다── 모든 사람이 알고 있는 사실을 부분적으로만 알고 있는 사람의 말처럼 들린다. 그는 화농과 광기에 대해 특수한 경험을 가진 사람일 수도, 단순히 덜 떨어진 사람일 수도 있다. 그러나 시인이 보통말을 제목의 말로 바꾸면서 드러내려 했던 것은 그 시각의 부분적 특수성이 아니다. 저 보통말이 해가 늘

그렇게 뜨고 새가 늘 그렇게 날아가는 것이라고 믿으며 새의 비상과 새벽 하늘을 바라볼 필요도 없었던 사람의 말이라면, 제목은 그것들을 주목하여 바라본 사람만이 발언할 수 있는 말이다. 화농과 광기는 중요하지 않다. 그것은 우연한 것일 뿐이기도 한데, 그러나 다른 점에서, 제목의 말이 이런 생물학적·심리적 현상도 역시 주목하여 바라보았던 사람의 말임을 밝혀준다는 점에서, 중요하다. 게다가 말을 바꾼다면——관념과 싸우는 시를 관념적 비유로 읽는 것이 용서된다면——, 우리의 보통말이야말로 근치할 수 없는 화농과 그 고름의 집적이기도 하다. 우리는 그것을 보통말이라고 부르지만, 모든 시대의 역사와 환경이 거기 부여했던 의미들이 또다시 거기에 끼여들어와 혼란을 일으키면서, 또 한편으로는 그 말들을 소모하고 훔쳐간다. 그것은 자체로서 정신병의 한 형식이기도 하지만 정신병에 이를 정도의 극진한 노력에 의해서만 말이 이 혼란과 낭비에서 구제될 수 있다. 그래서 지금 비범한 정신 하나가 밤을 새워 언어를 "콕 콕 쪼"아 말의 병과 거기 감염된 자신을 치료하려 한다. 그러나 그는 자신의 발언이 떨어지는 순간에 이미 그것이 과잉된 의미로 병든 상태에 있다는 것을 알게 된다. 그는 해답을 마련한 것이 아니라 문제를 제기하고 있었을 뿐이다. 그가 밤새워 쓴 본문은 '제목'이 된다. 마침내 두 줄의 본문이 새로 씌어진다.

밤새 나뭇가지 끝에 앉았던 새 한 마리
새벽 하늘로 날아갔다

이 두 시행은 우리의 보통말과 별로 다르지 않다. 그러나 보통말 속에 의식되지 않은 채 숨어 있었던 고름들로부터 이 말은 벌써 해방되었으며, 새가 새벽 하늘로 다가가듯 '진리'에 접근한다. 우리는 그 과정을 안다.

「외곽(外廓)」을 읽는다면 아마도 이 과정에 대해 더 좋은 설명을 얻을 수 있을 것 같다. 이 시는 산문의 형식을 지닌 다른 그들과 분리된 한 줄의 시행으로 시작한다.

　　버스가 언제 오느냐는 단지 시간의 문제이다

이 말은 정직하지 않다. 버스를 기다리는 사람의 짜증과 오기 또는 체념이 밴 타락한 말이다. '단지'에 붙은 상점이 그것을 더욱 강조한다. 이 시행에 뒤이어 한 외곽 지대의 풍경이 잡다하게 묘사된다. 물론 버스를 기다리는 사람이 그것을 보고 있다. 정류장 푯말을 본다. 그 옆의 사내를 본다. 사철나무에 둘러싸인 한 공장 건물, 사철나무에 성깔을 부리는 한 학생을 본다. 기다리는 사람은 분명 초조하다. 사내의 터진 양복 상의와 악어 혁대가 보인다. "관광용 리무진 버스 두 대가 지나간다." 그가 기다리던 버스가 아니다. 리어카를 밀고 오는 고물 장수, 그 리어카에 실린 냄비와 여자 인형. "또 한 대의 관광용 리무진이 지나간다." 그가 기다리던 버스가 아니다. 그러나 기다리던 사람은 이번에는 그 버스를 눈여겨본 것이 틀림없다: "차창은 모두 닫혀 있다." 하늘에 뜬 베니어판 모양의 구름, 자전거와 택시. 스포츠형 머리의 학생은 계속 신경질을 부리며 사철나무를 발로 차고 나뭇잎이 떨어진다. 그래서 버스를 기다리는 사람은 다시 말한다.

버스가 언제 오느냐는 단지 시간의 문제이다

이 말은 정직하다. 버스를 기다리는 사람은 그렇게 확신한다. '단지'에 붙은 상점이 그것을 더욱 강조한다. 버스를 기다리는 사람은 이제 초조해하는 사람도 체념한 사람도 아니다. 풍경에 대한 소묘가 언어에 대한 성찰을 겸하는 것은 물론 당연하지만, 시인에게서 가장 초극하기 어려운 대상으로서의 언어에 대한 초극의 노력이 자기 초극의 그것과 평행하는 것도 당연하다. 언어에 있어서도, 거기에 기대는 의식에 있어서도 초극은 매순간의 일이다.

확실한 사실이지만, 오규원에게서 초극의 공간은 결코 유현하게 파악되지도 표현되지도 않는다.

> 돌밭에서도 나무들은 구불거리며 하늘로
> 가는 길을 가지 위에 얹어두었다
> 어떤 가지도 그러나 물의 길이
> 끊어진 곳에서 멈춘다
> 나무들이 멈춘 그곳에서 집을 짓고
> 새들이 날아올랐다 그때마다
> 하늘은 새의 배경이 되었다 어떤 새는
> 보이지 않는 곳에까지 날아올랐지만

거기서부터는 새가 없는
하늘이 시작되었다 ——「물과 길 2」 전문

　나무와 그 가지들은 물의 길이다. 물은 가지들이 자라는 곳까지, 가지들은 물이 올라오는 곳까지 자란다. 가지에 집을 짓는 새들은 물보다 더 여유 있는 길을 가지고 있다. 새들은 하늘로 날아오르며, 날개가 닿지 않는 하늘까지도 자신의 '배경'으로 삼아 점령한다. 그렇다고 해서, 물 또는 가지의 도달점과 새의 그것 사이에 생각처럼 그렇게 큰 거리가 있는 것은 아니다. 물의 하늘은 가지가 멈춘 곳에서 시작한다. 새의 하늘은 자신의 모습을 드러낼 수 없는 곳에서 시작한다. 그 둘은 모두 하늘이 시작되는 곳까지 나아갔다. 마찬가지로 시인의 하늘은 그 언어가 정직하게 도달할 수 있는 표현의 한계에서부터 시작한다. 가지와 새와 시인에게 하늘은 곧 도달하게 될, 그러나 아직 도달하지 못한 그 좁은 공간이다. 그들은 순간마다 멈추는 곳에서 순간마다 초월한다. 말의 정직함에 관해 말한다면, 이 시는 하나의 모범이다. 이 시에서는 다섯 개의 동사가 과거형으로 한 개의 동사가 현재형으로 사용되었다. "얹어두었다"의 과거는 이미 어느 정도의 성장에 이른 나무에 관한 이야기이니 논의의 여지가 없다. 다만 나무가 최초에 가졌던 계획과 이 과거는 무관하지 않을 수도 있겠는데, 시인이 이런 관념적 사고를 스스로에게 일단 용인한 것이라면 이 시에서 단 한 번, 이 나무를 주어로 삼는 서술부에, 은유적 표현(두번째 행의 "길")이 사용되어야 할 이유와도 무관하지 않다. "날아올랐다"와 "날아올랐지만"은 시인에게 문제가 되는 것이 새의 일반적 행태가 아니라 구체적 행위임을 말한다. "배경이 되었다"와 "시작되었다"는 그 자체로서 역시 관념의 구체적 실현이다. "멈춘다"는 현재로 쓰였다. 이 현재는 나무와 물이 어느 순간도 쉬지 않고 다른 공간에서 정지한다는 점에서 현상 표현의 현재지만, 그것이 실제로 시인에게 관찰되는 것은 아니라는 점에서 진리 표현의 현재이다. 언어 현실에 있어서나, 현상의 진실에 있어서나 모두 운동하는 정지인 이 멈춤의 현재는 시의 결함이면서 동시에 탈출구이다. 초극의 공간이 또한 그렇다. 그렇다고 말하고 보면, 귀결치기에 관해서도 이야기해야 한다. "하늘로" "그때마다" "어떤 새는" 그리고 "새가 없는"이 명백하게 여기에 해당한다. 가장 의미있는 것은 마지막 귀결치기이다. 이 귀결치기로 하늘은 새가 없는 하늘이 되었다. 역으로 "새가 없는"의 시구는 새가 있는 시구가 된다. 언어가 자신을 유지하면서 사라지는 곳에서 "하늘이 시작되었다." 「물과 길 1」의 마지막 시구에서,

> [……] 처음도 끝도
> 숨기고 있는 길을 보며 사내는 곁에 있는
> 갯버들 가지를 움켜쥐고 턱 하고
> 꺾는다 하늘로 가던 나무의 길이
> 하나 사라지고 그와 함께 지상에서
> 그 길이 거기 있었다는
> 사실도 사라졌다

나뭇가지는 사라졌지만, 사라진 나뭇가지에 대해, 그 역사에 대해 "처음도 끝도" 알 수 없는 관념이 여전히 유지되려는 자리를 다시 차지하고 들어올 하늘, 바로 그 순간에 절대적으로 하늘일 하늘도 저 새들이 사라진 곳에서 시작되는 하늘과 다르지 않을 것이다.

초극의 시간은, 시인이 '황동규에게' 부친 한 시에서 말하는 것처럼 「잡풀과 함께」, "시간과 시간 사이"에 있다. 시간과 시간 사이를 잡풀들이 파고들 뿐만 아니라 지상에 "먼저 몸을 둔 것들은/이미 자신을 닮는다." 그것들은 모든 새로운 시도를 그 원점으로 되돌려놓고 만다. 어느 철저한 정신도 그것들의 틈입을 완전히 막을 수는 없다. 완고함과 함께 우연이 그것들의 법칙이다. 그것들은 "엉뚱한 곳에서" 고개 들어 우리의 길을 좁힌다. 시인이 아무리 자기 시에 공을 들여도, 그 언어는 너무 적게 말하거나 너무 많이 말할 뿐이다. 말은 수단이 한정된 좁은 길이라는 점에서 그러하며, 그의 언어는 그가 애써 구별하려 했던 의미가 다른 모든 의미를 안고 들어오는 자리라는 점에서 그렇다. 그러나 잡풀의 우연처럼 자라는 이 끝없는 혼란이 시를 지상에 (정확히 말하면, 지상에 시가) 있게 한다. 하늘에서 바람이 단 한 번에 구름을 몰아내는 일을, 시인은 지상에서 "시간과 시간 사이"에서 한다.

한 명철한 시인이 시간과 초읽기를 할 때, 그의 시간들은 시간과 시간으로 갈라지고 깊이를 빼앗겨 때로는 한 몸을 가리기도 어려운 좁은 장소로 바뀔 것처럼 보인다. 그러나 어느 시간의 공격에도 분절되지 않는 정열과 노력과 그 끝없음보다 더 깊은 것이 무엇일까. 매순간의 그러나 끝없는 구원만이 구원의 절대라고는 말하지 말자. 적어도, 자신의 전작품을 거슬러 복기할 수 있는 거의 유일한 시인일 오규원에게는, 시간의 모든 점들은 하나의 존재와 하나의 사물이 바로 그 존재되기와 사물되기로 자신을 초월하는 장소라고만 분명히 말하자. 초월하지 않음으로써 초월한다는 것, 한 시의 초월, 한 개인의 초월, 한 시인의 초월이 곧 역사와 자연의 초월일 수 없을 뿐만 아니라 때로는 그 반대라는 것, 이것이야말로 「잡초와 함께」, 그리고 한 시인이 잡풀 속에 항상 다시 뚫는 길과 함께, 우리가 명심하게 될 교훈이다.

   그런데 한 비평가는 이 교훈 앞에서 무엇인가? 시인이 자신의 과업으로 애써 척결하려 했던 것을, 그는 용서를 구하면서 또는 구하지 않으면서 다시 불러들이고 있다. 게다가 그는 자신이 밤새워 쓴 글을 제목으로 삼을 수도 없다. 그러나 그 글에 제목을 붙일 수는 있겠다. 이렇게.

   새는 새벽 하늘로 날아갔다.